Círculo Rojo

A TU CACHITO DE INFIERNO

A TU CACHITO
DE INFIERNO

Soray Arte

Círculo Rojo
EDITORIAL

Primera edición: febrero 2024

Depósito legal: AL 179-2024

ISBN: 978-84-1061-539-7

Impresión y producción: Editorial Círculo Rojo

Editorial Círculo Rojo

www.editorialcirculorojo.com

info@editorialcirculorojo.com

Impreso en España - Printed in Spain

ÍNDICE

PREFACIO 11

PREÁMBULO 13

    PROCESO CREATIVO I 15

    PROCESO CREATIVO II 17

    COMUNICACIÓN PROFUNDA 19

    SÍNDROME DE STENDHAL 21

    ESTOY HARTA 23

POEMARIO 25

    POEMAS MORTUORIOS 27

        TAL VEZ POR ESO 29

        TIEMPO DE MATAR 31

        EN MI SEPULTURA 32

        SALTO AL VACÍO 34

        DE ZOMBIS Y ESCLAVOS 36

        ALGUNOS VERSOS DE DOLOR 38

        CON EL AZUL ENTRE LOS OJOS 39

        DEJÁNDOME MOJAR 41

        MIENTRAS SACO PUNTA AL LÁPIZ 43

        RASPAS DE PEZ 44

        EN MI MENTE, CARBÓN. EN MI MEMORIA, DIFUMINO 45

        AMA 46

        BOMBA DE OXÍGENO 47

        OJOS DE MIEL Y BARRO 50

        EL CÁNCER 51

        LISTA NEGRA 52

DESDE LA OCTAVA PLANTA 53

AGUR 55

DESAMOR 59

DORMIRME EN TUS FIEBRES 61

SECRETO DE TI 63

BUCHITO DE AGUA 65

PERDÓNAME SI NO ME CORTO UN PELO 67

PULSO A MUERTE 70

PATXI 71

MUÑONES DE PRINCESA TRASTORNADA 72

Y LAS TRENZAS DESPEINADAS 73

NO PUEDO CONTROLARME 75

RECUERDOS DEL OLVIDO, MEMORIA DE RESACA 76

VENENO DE MI OMBLIGO 78

VINILO CARA B 79

A VECES LOS POEMAS NO TE ENTIENDEN 80

LOS EX 82

EL MUY IMBÉCIL 83

MUJER BARBUDA EN TU CIRCO 84

TROZO DE POEMA A MEDIO HACER 86

SIN TÍTULO 87

PUÑADO DE VERSOS 88

CACHITOS 91

HARAPOS DEL ALBA 92

GALLINA 93

AMOR 95

DE ESPEJOS Y DE FLORES 97

EN EL SILENCIO DE UN DRAGÓN HEMBRA 98

SERÍA CAPAZ 100

9

HELLDORADO 101

DE MIS CADERAS DE PLATA A TU NEVERA 103

TE PIENSO 104

VIGA RIOSTRA DE MIS INFIERNOS VERSUS LUCERNARIO DE MIS SUEÑOS 105

DEBAJO DEL DRAGÓN HEMBRA 109

TÚ ERES EL POETA 110

DECONSTRUCCIÓN 111

SEXO 113

A HORCAJADAS 117

MIENTRAS LAS GANAS APRIETEN 118

MI ANIMAL 120

INCLASIFICADOS 121

CUANDO LA LIBERTAD SE DISFRAZA DE BUENOS MODALES 125

ODA A MI BICI ROBADA 128

CON EL CULO AL AIRE (ODA A UNA COLONOSCOPIA) 129

ODA A LA MENSTRUACIÓN 131

ODA A LA MENOPAUSIA 132

Y DECIDÍ JUGÁRMELA 133

VETE, AMANECER, VETE 134

NO ME TACHES DE NORMAL 135

CON MIS BOLSILLOS DE ARTISTA 136

OTRA VIDA QUE YA NO ES LA MÍA 137

CON GANAS DE VIVIR AL AIRE LIBRE 138

SÁBADO 139

ANIMAL HERIDO 140

DESCRIPCIONES DE IMÁGENES 141

PREFACIO

Mi relación con la poesía pudiera decirse que nace desde siempre, igual que con la pintura. Desde que tengo uso de razón —si alguna vez lo tuve— he necesitado plasmar mis emociones. Con seis años mi ama me apuntó a una academia de dibujo y pintura y a los ocho hacía mis primeros óleos. Siempre escribí diarios a modo de deshago terapéutico. A mi favor te diré que he estado «loca», como buena artista que se precie. Si bien es cierto que me gusta bromear conmigo misma, he regresado de los infiernos para quedarme. Mis logros personales —que se resumen en sobrevivir—, son mucho más audaces que haber salido en Got Talent de Telecinco o en Panamá en el Conquistador del Pacífico de ETB2. Mi triunfo es cumplir cuarenta y siete años de carne y heridas, cuando yo no hubiera apostado un duro por mí.

Esta selección de poemas data desde el año 2012 hasta la fecha. Escribo desde mi circunstancia, de manera que los versos son totalmente autobiográficos. Quizás leyéndolos adivines las costuras del alma a las que me refiero.

Poemario compuesto por prosa poética introductoria y poesía de verso libre estructurada en cinco temas *in crescendo*: poemas mortuorios, desamor, amor, sexo e *inclasificados*, en un intento de ordenar los sentimientos más recurrentes que me impulsan a escribir.

PREÁMBULO

PROCESO CREATIVO I

Me tomo la libertad de escribirte unas líneas de pensamientos en la noche.

Si ya de por sí es complicado entenderse a uno mismo, relacionarse íntimamente con otra persona es un mar de incertidumbres. Ojalá hubiéramos nacido en una burbuja transparente y despojada de egoísmo en sociedad. No nos conformamos con que nos quieran; queremos exclusividad y propiedad. Y además queremos que nos quieran como a nosotros nos gustarían que nos quisieran, y no realmente como nos quieren. Hacerse consciente de ello puede resultar aparentemente doloroso, pero me doy cuenta de que cuanto más tolerante soy yo para conmigo, mis sentimientos, emociones, deseos, delirios y comportamientos, más acepto lo que amorosamente otra persona es y comparte, sin pedir explicaciones. Somos errantes cruzados en un mundo extraño. Me encantaría tener ocho mil vidas; o tener las llaves maestras de algo. Ante la desconfianza en los demás, en los que nos rodean, frente a los miedos, tengo mi evasión, que es a la vez el encuentro interior con mi esencia: la poesía. Allá donde los relojes se paran, donde no importa el lugar, donde no tienes hambre ni sed... Los versos me dejan plasmar la tristeza, el enamoramiento, la decepción, la alegría, la frustración... Todo vale. Nadie lo sabe pero es como si yo estuviera fuera de mi interior, como si el alma gritara, estoy completamente desnuda pero nadie me ve, como si el resto se congelara y me concediesen un tiempo y un espacio en el nirvana.

PROCESO CREATIVO II

Hace días que emulsiona una mezcla angustiosa dentro de mí.
Nace después de una catarsis creativa. Parece que no podemos
obviar las leyes del universo: todo lo que sube baja; todo lo que
rebosa, se vacía; todo positivo tiene su opuesto negativo. Las
fuerzas de acción y reacción, en definitiva, equilibran hasta la
más descompensada manera de vivir. En cierto modo, la mon-
taña rusa emocional es una forma niveladora de contrapeso.
Cuando estoy arriba, no pienso en las consecuencias de la caída.
Cuando estoy abajo, me consuela saber que mañana volveré a la
cima. La velocidad de la corriente alterna extermina cualquier
conato de vulgaridad, aniquila la inercia y hasta los buenos mo-
dales. Colmada de pasión, atiborro de pigmentos la paleta y
empapo el lienzo hasta la saturación en una convulsión frenéti-
ca, apretando los botes de pintura y llenando de sueño las bolsas
de los ojos, en un empeño delirante por retardar el colapso que
siempre acecha, que siempre se esconde en la misma esquina,
que siempre se burla de nosotros como si fuéramos novatos. ¿Y
si un día el arrebato nunca llega? ¿Y si se retrasa más allá de lo
admisible, prolongando el declive fuera de los límites soporta-
bles? Conozco la respuesta y no quiero sobrevivirla. Tal vez no
quiera alcanzar el ideal platónico de templanza y moderación,
porque tal vez, y sólo tal vez, no quiera renunciar a mi alma
irascible y concupiscible, donde la pasión no es doblegada por

17

la voluntad ni el deseo regulado por la aquiescencia. El sendero sobre el que piso tiene baldosas hechas de sueños. En la oscuridad, mi mentor es la intuición. Y en la luz, la fuerza está dentro de mí, una energía cilíndrica sin raíces, que sigue escarbando aunque se llene las uñas de sucio, aunque se arañe las piernas de verde, aunque se rompa los tacones de rojo.

COMUNICACIÓN PROFUNDA

Para mí el arte es un medio de comunicación profunda, tanto con uno mismo como hacia los demás. Cada lienzo, cada poema, es mi testimonio del enfrentamiento con la vida, como si congeláramos un instante presente y lo hiciéramos continuo. Una radiografía de la vida creándose a sí misma constantemente. Cuando pinto o escribo, estoy recreando una emoción interna para materializarla de forma plástica y que quede constancia de ese escalofrío, reverberación, latigazo, beso prolongado, o sea cual fuere lo que suscite en los demás. El espectador recibe el proceso inverso al contemplar la obra: le genera unos sentimientos hacia su propia humanidad, los interioriza y los interpreta. Hay personas, como tú y como yo, que sentimos la febril necesidad de conformar la arcilla con el trozo de barro que nos ha tocado vivir. Y hay personas que tocan esa arcilla húmeda y reciben un fogonazo en forma de fotograma de una experiencia, una vivencia que va a perdurar más allá del instante en el que fue concebida. Hay otra gente que no comprende lo que recibe, lo rechaza y lo denuncia, por miedo a su propia existencia, experiencia e interacción con su propio ser, con la naturaleza y con los que le rodean. Los muertos hablan a través de sus obras de arte, como si no se hubieran ido, como si con hilos de voz nos hablaran de sus conflictos, de sus grandezas y sus miserias. El arte es tan humano que enaltece a las personas, las transforma y las hace libres de sí mismos. Por eso su condena me parece tan grave. El rechazo a la expresión creativa significa echar tierra sobre nosotros mismos, deshumanizaros. Así está encarcelada tanta gente que un día cantó a gritos dentro de una iglesia, que un día se pintó desnuda, que un día quiso volar.

SÍNDROME DE STENDHAL

Una vez tuve un acceso incontrolado de llanto en un museo impresionista. Al ver a Van Gogh, una bola de fuego me subió hasta la boca y me puse *pelipúntica*. Empecé a recorrer las galerías, bañadas en color puro, y las pinceladas se fueron separando de los cuadros hasta dar vueltas sobre mis ojos. Tuve que agarrarme a las paredes. Me daba igual lo que pensaran los franceses. Tenía ganas de vomitar. Estaba frustrada. Llevaba unos años sin pintar y el vacío vino a estrangularme. Yo quería estar colgada junto a mis «compañeros». Yo debía estar en Orsay. Así de loca me sentía. Las imágenes de los libros de historia con las que me crie, se agolparon en los pasillos de la carne y no me dejaban respirar. Fui corriendo a los lavabos a que se me pasara el obscuro. Aún recuerdo mi reflejo proyectado en el espejo, con los ojos hinchados y la cara enrojecida como un bebé. Apreté los puños y me prometí no dejar nunca los pinceles. Por eso no puedo tacharme de normal, aunque me esfuerce. La pintura me ha elegido, y yo cumplo su condena. A veces, vagabundeo en harapos del alba, y me pregunto por qué no me han hecho como los demás. Y recuerdo cosas como ésta, y me calmo. Comprendo que no es una elección. Y eso rellena las angustias y las colma de algo que es más grande que yo y que nunca podré alcanzar. La obra me domina, lo que sale de mis manos no es asunto mío. Parece un complejo de dios, como el ego de los arquitectos, pero no es eso. El resultado no es lo importante para el artista. No importa que la obra sea juzgada de buena o mala, el proceso creativo es lo que nos hace sentir vivos. Y libres. Es una sensación de vértigo, de andar a la deriva, sin control de tus propias emociones.

ESTOY HARTA

Harta de la gente que no se comporta como animales.

Los animales no tienen pieles, no tienen ropas, no tienen una mueca para cada ocasión y para cada animal. Los animales sienten, gimen, lloran y aman.

Las personas no. Las personas son ambiguas, miedosas, cobardes y egoístas.

Yo soy como un perro. Amo a las personas.

Y me tiran de la correa para que no mee en la acera, para que me comporte bien y no ladre.

Yo no sigo los pasos de los que llevan la correa. Muerdo esa correa, escapo, en pelotas, mojado, por la noche.

Ladro hasta quedarme afónico, hasta hacer salir de la cama a las personas mayores del primero, hasta ver las luces de la *ertzaina* perseguirme por la ciudad.

Pero yo conozco esas calles, esas esquinas que han mimetizado mi cuerpo con los ladrillos rotos, con los pórticos meados, con los chaflanes de nadie.

Las personas son muy pesadas intentando hacerse zen. Evadiendo y eludiendo la existencia de bajas pasiones, de ira, de rabia. De frustraciones. Se anestesian con sus mujeres, gritando a sus hijos o maldiciendo a los equipos de fútbol contrarios. Hay personas que todavía rezan el rosario. Hay personas que matan. Hay personas que lloran con la luz apagada. Yo lo hago en los parques a plena luz del día, aunque vengan los municipales a instarme a que denuncie al agresor. Nadie me ha pegado. Mis lágrimas no son asunto suyo.

Y nadie puede curarme las heridas. Ni la más feminista de las mujeres. Ni quiero.

Quiero mi derecho a lamerme.

Estamos solos. Y estamos locos. Aunque pueda hablar con Japón a golpe de ratón y a tiempo real.

POE
MA
RIO

Soraya Arte Diciembre 2.99

POEMAS MORTUORIOS

TAL VEZ POR ESO

Ya estoy harta de hacerme la fuerte,
tengo 36 años de carne y heridas.

Tal vez por eso
me moriré en casa y sin dinero.
Recuerdo que me junté con los peores,
con los locos del barrio, con las prostitutas,
haciéndome uno de ellos.
Amé a fantasmas, en la distancia,
cada noche enfermada de la pintura y los versos.
Dormí sobre cadáveres de caballetes despojados de su lienzo,
pasé hambre y frío y el dolor de amor
en mi mano zurda. Una vez te bailé,
a la segunda se me quebró el sentido,
perdiéndome en la sombra de mis pensamientos.

Tal vez por eso
me moriré sin duelo y sin lágrimas.
Recuerdo que hice cuadros y acuarelas,
poemas y largas cartas al dictado rápido del querer,
para ti, que no sé si conservas.
No sabía escribir, no sabía pintar, y me dejaba llevar
por las angustias de la carne, que ya suman 36.
Hoy beso tu boca muerta y te hablo de pesadillas,
de los años que restan, del lugar que habito,
más vacío, más lleno de pinturas que cobran vida,
de poesía que escribe mi historia, y si no me la invento,
que para algo estoy condenada.

Tengo la piel fina de un bebé,
que tiembla de frío y se arruga de miedo,
los mismos ojos profundos que una vez miraste,
llenos de agua a borbotones, perfilando mi silueta partida.
Mi sangre templada destila entre tus manos,
y se convierte en alquitrán bajo tus pies.
Voy al pozo a llorar, a hacerme una bola,
hasta que mi estómago deje de pedir pan.

Tal vez por eso
me moriré sin hambre y sin nadie.

TIEMPO DE MATAR

Es tiempo de matar. Tiempo abyecto
sin esperanza, de pintar sin manos
sobre caballetes cojos de madera.

La noche incomestible,
veneno mortífero que nos devora, crisálida
en sigilo que nos carboniza los deseos:
incisivos hambrientos de una bestia
que nos mutila el alma.

Es tiempo de matar. Sin hogar,
vómitos calientes detrás de los poemas.
Tullidos edificios que dan sombra desde el suelo,
a sonrisas invertidas, psoriasis, alergias y afecciones del
alma.

EN MI SEPULTURA

En mi sepultura,
dos hermanas, mis padres, su perro,
la gata muerta a la que tuve alergia,
un puñado de amigos
y la noche castigada bajo tierra.
De dios y sus secuaces, ni rastro,
pues soy atea y nadie los invitó.

Los autorretratos
lloran pintura en la paleta,
mezclando mis restos,
para que se haga historia.
Dijeron algunos que era demasiado
sensible, incluso los que ni me conocieron.

Habito un lugar de locos,
donde no dejan entrar a los de traje,
ni a los de apuestas bursátiles,
o bigote retorcido.
Quise regalar las ganas de vivir,
a medida que me las mataba.

Mi primer retrato
surrealista del año 2000,
encabezó el sepelio,
haciendo derretir la encáustica
que un día ardió en mis manos.
Cada acuarela desnuda,
una a una,
fue llorando de veladuras mi silueta,
hasta saturar el papel,
y cerrarme los ojos de la luz.

SALTO AL VACÍO

Primero fue el salto al vacío
en el abismo de mí.

Esas noches tardías todavía peores
que un trabajo anodino, que golpearse la espinilla,
en el mismo sitio, con un mueble bajo.

Luego vino una mezcla de agonía y ausencia
a atascarme el cerebro:
el pánico de pintarme
con todos mis defectos.

La gran herida
de quien se siente abandonada,
—que no cicatrizaba—, mis ganas de matarme,
o de dejarlo todo —sin tener nada—,
empezó a sangrar a borbotones, y ya no paró.

Después fue tanta radio encendida
y disimular lágrimas
en cada esquina, peldaño,
baldosa urbana.

Hubo incendios, ojeras,
impotencia y estornudos, dos litros
de pintura bebidos de una noche.

Y una madrugada cualquiera, aún enferma
—siempre a punto
de destruirme entera, de confiarme a un manicomio—,
admití una súbita conciencia de estar presa.

Y entonces fue que hice manifestaciones
en mi contra, que fui insurrecta
hasta conmigo misma.

Y decidí comerme la vida hasta el final.
Llena de cólicos por dentro. Como una loca
empapelar de retratos mi cárcel,
de versos mis paredes,
buscar las llaves...
La puerta que me cerró por dentro.

DE ZOMBIS Y ESCLAVOS

Consejos: gana dinero, sé buena y sumisa y obediente,
hazte respetable, cierra las piernas
y cierra la puta boca, arrincona el caballete,
arrincona los pinceles en un sótano oscuro,
haz una bola con tus sueños y tira de la cisterna,
échate un novio, sonríe, quítate los *piercings*,
no te quejes,
o no se lo cuentes a nadie,
duerme más, cuanto más, mejor,
folla menos o nada.

Y aquí estoy: ¡Caso omiso!

Declarada enemiga
de los muertos vivientes, manceba
de la desnuda soledad de la noche,
exorcista de maldiciones, con el puño en alza,
enfermera de epidemias, en lucha contra el mundo.

A escondidas con mi cuaderno y lapiceros:
con mi forma de vida de niña pequeña
aplastada contra el cristal del mundo adulto.

ALGUNOS VERSOS DE DOLOR

Aquella muerte que nunca sentí,
hecha de pared blanco sucio,
de pasillos de laberinto para locos.

Aquella cama que nunca hice,
hecha de sábanas sin olor,
de arrugas planchadas para locos.

Aquella cama donde te dejé hacer,
acabó con mis juegos de niña.

No puedo limpiar el blanco sucio.
No puedo mostrarte la salida.
No puedo hacer la cama por ti.
No puedo darte el beso de buenas noches.

Me quedarán las manos,
manos para pintar, para estrangularte,
para meterme los dedos, para arrastrarte.

Volcaré el cubo de pintura
en los ruidos de la casa.
Vomitaré tus letras
en los silencios de la calle.

CON EL AZUL ENTRE LOS OJOS

Una y otra vez,
la razón busca en la basura
y formula preguntas recicladas.
Como libro viejo arrancado y con polvo,
Como paraguas desvencijado por las tormentas,
como juguete de niño roto.
Como las hojas del libro que nunca leí,
como aquella tormenta que ni me salpicó,
como aquel niño que nunca fui.

Una y otra vez,
la basura busca una razón,
y recicla preguntas que formular.

No hay insultos para ti,
ni fuego que te haga arder.

No hay música suficiente,
para matarte en el pódium de tu tumba,
para anestesiar tus pies,
para bailar tu muerte
y lacerar tu alma podrida.

El viento corre entre los olmos,
y su silencio grita tu ausencia,
el vacío congela lo que nunca fuiste,
el ruido no parará.

Te arrancaré el vestido,
te abofetearé en la pista de baile,
cuando pare la música,
tus pies seguirán danzando.

Sin raíces,
sin rima y en cursiva,
envuelta en una música especial.
Bailando, gritando, pisoteando.
Caminando cuesta abajo, sin querer,
con el paraguas cerrado,
con el azul entre los ojos.

DEJÁNDOME MOJAR

Nada me consuela;
ni la música,
ni la absurda pintura,
que se me antojan pequeñas.

Ni la gente,
que me resulta extraña.
Incluso la imaginación
se me antoja prisionera, esclava
de unas leyes que yo no he inventado.
La playa me parece un océano.
Las calles,
llenas de un mar de peces exóticos.
Las autopistas,
llenas de máquinas apuntando al corazón,
a punto de disparar.

Todo está envenenado.
Y siento que me mareo,
que me intoxico,
que vomito,
como si fuera un motor de explosión caduco
en un concesionario de coches eléctricos.
A veces me encuentro más cómoda entre las sombras,
arrastrando los pies...
palpando los límites de las paredes...

No hay suficientes lágrimas,
ni suficientes abrazos.

Como en el fondo del mar,
todo está negro y en calma,
todo pesa demasiado para molestarse en respirar.

MIENTRAS SACO PUNTA AL LÁPIZ

Me sorprendo llorando
...mientras saco punta al lápiz.
Intento hacer algo con las manos,
...mientras tecleo versos para ti.
Maldigo el día en que nací,
...mientras me esfuerzo en poner buena cara.

Algo reverbera dentro de mis venas,
amenazando con salir entre las uñas,
por el cuero cabelludo,
y desde las cuencas de los ojos.

Detrás de la puerta,
todo está vacío y desordenado.
Y no hay nada mejor que hacer,
que cerrar los ojos mojados y esperar.

No es esto lo que quiero,
y por eso corro descalza entre las zarzas,
sin mirar atrás, dejándome arañar.

RASPAS DE PEZ

Si me ahogo en un océano,
es porque no tengo branquias
para respirar.

Si como raspas de pez,
es porque no me das carne
de tus entrañas.

Y mientras la soga rompa mi piel
intentaré beberme las lágrimas.

EN MI MENTE, CARBÓN. EN MI MEMORIA, DIFUMINO

Contra la carretera seca,
fría y empinada,
los pedales empujan
a cortar el silencio con los frenos.

En mi mente hay carbón,
y en mi memoria, difumino.

Sobre la bahía lunar,
la noche negra corona su reflejo,
con sus venenos de mar,
matando en cada roca,
la resaca de su secreto.

AMA

Madre.
Madre eres tú, que sonríes
en la ciénaga, flor que naces
en acantilado, madre eres tú.

Con tus raíces
acunas la tierra,
y dices que vienes
y vengo encantada.

Bajo el agua
riegas el mar,
y si tropiezo
haces plumas
con la mano,
madre.

BOMBA DE OXÍGENO

El sonido acuático
de la bomba de oxígeno
sería relajante, si no fuera
porque la muerte no relaja.

Como un tiburón al acecho,
silencioso,
con sus colmillos escondidos
en las fauces del cáncer.

El estigma
de la pulsera de *Osakidetza*,
anuncia un túnel del tiempo
donde los puntitos del camisón
se desdibujan
como un cuadro impresionista.

Esta mañana, dos muertes,
la 424 y 423. Por suerte,
nuestra habitación está intacta.

Un señor se ha caído de espaldas.
Demasiados destrozos para un día festivo.

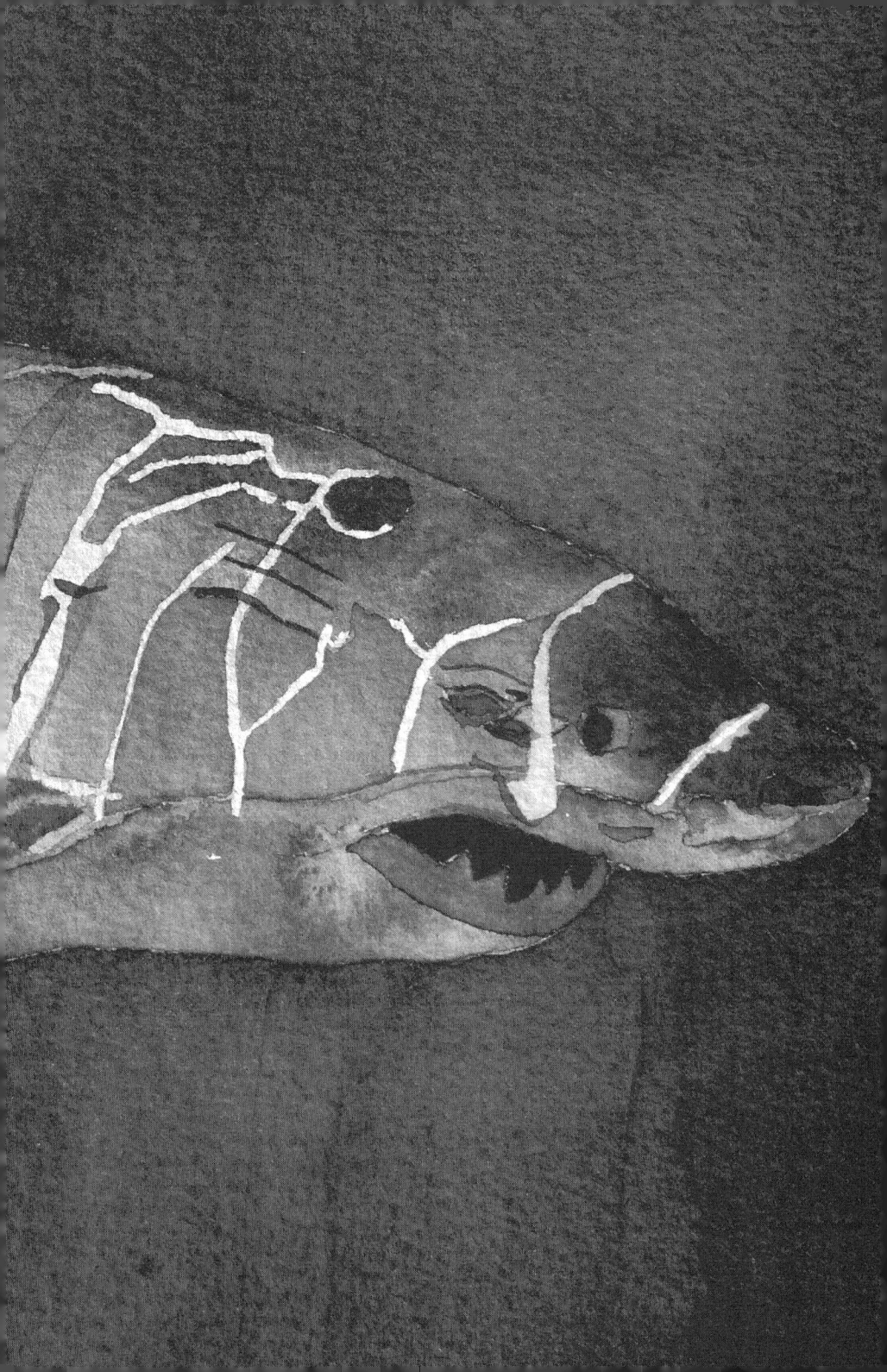

OJOS DE MIEL Y BARRO

Ni un cigarrillo pudiera consolarme.
Ni un viaje a Roma.
Ni un bebé.
Ni siquiera un perro.

Con la mirada
mojada de tristeza,
discurre convexa
la que fue sonrisa,
allá donde naufraga
la nariz.

Es por tus ojos de miel y barro
que reflejas en mis pupilas,
por lo que no me arrastro,
ni imploro ni mendigo.

EL CÁNCER

El cáncer es una disciplina
que no se aprende en los colegios.
Te quita la imbecilidad de golpe
hasta que te acostumbres
a caminar con las manos
haciendo el pino.

El cáncer es lo contrario a una fiesta de cumpleaños,
como un globo de helio
que se escapa de las manos de un niño,
y es quien convierte tus sueños en vigilia
y tus manos en un manojo de nervios.

El cáncer siempre cobra fianza
como un alquiler de habitación.
Es el precio de vivir sin haber leído las cláusulas
del contrato de un amor de madre.
Es como intentar meter en un cajón
tus sonrisas que no cierran.
O como gritar hasta quedar afónica
en las paredes de tu memoria.

También es la medicación líquida
que cierra tus párpados
en un hospital tan lleno de gente
como una discoteca mal iluminada
que tras la quimio
es sorprendida de día
con las calles mojadas de borrachos.

LISTA NEGRA

Me pregunto por qué agosto
me eligió a mí entre tanto imbécil
mientras escribo este poema para ver
si aguanto un poco.

Tiro la pregunta al retrete
como quien vacía la cisterna
y me viene a la mente una familia disfuncional
que quisiera no fuese mía.

Paladeo el mismo odio con sabor a medicamento
y voy engrosando mi lista negra contra el mundo.

Me gustaría volver a una paleta de colores
pero la pintura es ahora un recuerdo digital.
Día a día se va haciendo tarde,
las nubes lo van mojando todo de gris
y las facturas ya ni asoman en el buzón.

Le doy una chupada más al rencor,
esa nicotina inacabable,
procuro eludir el pretérito una y otra vez,
como si fuera posible esquivar
las fotos de la infancia que pueblan la sala

DESDE LA OCTAVA PLANTA

Desde la octava planta.
Un trozo de asfalto enmarcado
en la ventana, se mueve
imperceptible
en el aparcamiento.

Desde la sala de espera.
Las máquinas expendedoras
fabrican ruido como un puñado
de viejas en un velatorio.

He aprendido a diferenciar
las manchas del pasillo
tanto como a enfermeras y enfermos.

Con triste familiaridad
reconozco al que fuma con suero,
tan amarillo como una cebolla
olvidada en la nevera.
A la que sube en ascensor
con olor a recién duchada y baja
a la noche como si hubieran pasado
tres años por ella.

Desde la octava planta,
he memorizado tus ojos.
He visto por primera vez la piel
como el órgano más extenso
de tu cuerpo. Y he recordado
por qué me levanto.

AGUR

Se murieron mis hermanas,
dilató ese odio latente que no he elegido por familia.
Ya no más reproches injustos de cualquier gilipollez,
ya no podrán dañar mi vida construida.
Ya no son hermanas.

Y sin embargo es mi madre
la que vive, en las fotos alegres
y en el cáncer que roba su cuerpo.

Comencé a dormir a poquitos,
entre sábanas de sudor y pesadillas,
mientras Donostia se desdibujó
como un artista sin inspiración.
Y mi madre y yo dejamos de ser
dos corazones que latían
en un sólo compás.

Y nos manchó la ropa la enfermedad,
cogí los autobuses
que conducen de un lado a otro,
y de cuajo quedó la rutina convertida
en un infierno.

Ni leyéndolo cien veces,
encontré atisbo de esperanza piadosa.
No encontré goma de borrar
para un diagnóstico atroz.

No toques a mi madre,
dime que todo es mentira,
aleja los demonios que tengo por hermanas,
y déjame llorar la pena
en brazos de mamá.

DESAMOR

DORMIRME EN TUS FIEBRES

Gotea la pintura,
como un grifo mal cerrado,
dejando un charquito de rojo,
que escucho caer,
como un reloj a pilas,
que por molesto
encierro en el cajón.

Sangro en la paleta,
poniéndolo todo perdido,
con las huellas de los dedos
y las suelas de los pies
que arrastro al caminar.

Del rojo que gotea,
al blanco de la tela,
grapado al bastidor,
agarrado al caballete,
es como hacer *puenting*
con el corazón estrangulado,
como quien se aferra al humo,
a un féretro de amor,
a los colores resecos,
imposibles de mezclar.

Miro en la bandeja de entrada,
lo que deseo enviar,
e imagino una vida sin ti,
que busco en la papelera.
Como escrito a tinta,
como tatuado en la piel,
taladrando en mi cerebro,
los pensamientos hasta ti.

Quisiera beber tus lágrimas,
sudar tu sexo,
dormirme en tus fiebres,
morder besos en tu almohada.

SECRETO DE TI

Al posar el pincel
suena el vacío,
ruido mudo
que rebota en la garganta,
de sabor metálico,
de sangre seca,
tintineando en el bote,
surcando la grieta.

El blanco de la tela
desparece,
por un instante
me hago la loca,
mezclando
sobre un bastidor de esqueleto.

Mezclo colores que invento,
verdes que no existen
o que hace mucho
que no huelo,
como el musgo
de cementerio,
como el verdín
de los columpios.

Mezclo rojos,
rojos que laceran
ardiendo en la paleta,
cegando la soledad del artista,
como el vómito
de un borracho.

No puedo soltar el pincel,
romper la magia
que me separa del suelo,
que me separa de ti
y me acerca a tus sueños.

Mezclo negros
que desaparecen
al descorrer las cortinas,
burlando mis deseos,
que son secreto de ti.

BUCHITO DE AGUA

Lágrimas blancas,
me llaman desde dentro,
perforando las mejillas a su paso,
goteando
como un grifo mal cerrado,
sobre la alfombrilla mojada
de la ducha.

Lágrimas azules,
ácidas, frías y mal curadas,
que todo lo destruyen,
aniquilando el amor
que inventé por ti,
sangrando sus vísceras
sobre folios y lienzos,
que desaparecen
al salir el sol, que todo lo quema,
incluso los sueños,
como en veladuras de acuarela,
que secan en mis noches
y se transparentan en tus días.

Lágrimas negras,
de fiestas que acaban
en espejos partidos,
sábanas malolientes
y ruido sordo en los oídos;
Lágrimas negras,

que derramaría en los cementerios
si con eso resucitara el fantasma de tu amor.

Si tú me miraras,
me sonrieras,
me dedicaras tu voz...
Si te pudiera oler,
aunque fuera una vez,
arrastraría mis pies
a tu cachito de infierno.

PERDÓNAME SI NO ME CORTO UN PELO

Perdona si no puedo dejar de hacerlo,
si tecleo versos con tu nombre en ellos,
si mis dedos se manchan de pintura
con el color de la sangre y el olor a disolventes,
si no he ganado nunca un concurso,
si no he aprendido a cocinar
ni a ser políticamente correcta.

Perdóname también si no me corto un pelo,
ni duermo ni dejo de llamar tu atención
ni tengo un trabajo de nómina
ni una vida decente,
ni el valor de amarte ni odiarte
como mandan los cánones de una persona vulgar.

Perdona —cachito de infierno, hombre de otra,
inspiración de mis manos— tantas palabras brutas que te dije.

Perdóname... si me voy con otros,
si mi pared se quedó con el cerco de tu retrato,
si mi felpudo ha olvidado el beso que me diste.

Perdóname también si no he sabido olvidarte mejor.
Perdona mi descaro,
mi pasión.

PULSO A MUERTE

No te creo. O no te entiendo, que es lo mismo.
Infectado de cobardía,
o enfermo de ego,
o de curiosa indiferencia,
mantienes un pulso a muerte con mi mano zurda,
descarnado, sin nada que perder,
y sin nada que ganar,
rozarás la punta de la lengua
en un gramo de mierda
de la espalda de otra.

Fueron flores, que ahora rozan el viento,
al deshojar sobre tu lápida,
teñida con tu nombre.
Me dices que me lees,
escupiendo monosílabos,
que ya no me alcanzan.

De nada me sirves ya.
¡Si supieras la de dibujos rotos
que tracé en tu silueta, hasta verte amanecer!
Mis versos ya no son lo que eran.
Están enfermos de verano muerto.
Y no pienso prometer nada.

PATXI

Hay palabras en el aire.
El despacho del segundo piso,
en el sol de mi habitación, se confunde
con el pomo de la puerta, como en los versos.

Una artista se calza
en sus botas y su vestido prieto,
mientras esconde miedos que no entiendes
encima del pintalabios, dibujado en tus bordes.

La noche te desvela, y a mí también,
sin que lo sepas.
Tu silencio derrama agua oxigenada,
como hebras del deseo,
en la sangre fresca de mis anhelos.

Como una burla de la mente,
habitada por locos y extraños,
repasando lo que no está dicho.
Tratas de imaginar lo que escribo,
Y yo trato de imaginar lo que no escribes,
desde qué rincones, en qué sábanas,
cómo amanece tu rostro
en los azotes del alba.

MUÑONES DE PRINCESA TRASTORNADA

Y furiosa
te escribí ese puñado de versos,
aterida a las sábanas,
arrugadas de tanto quererte.

Y soñé
que vendrías a buscarme,
desmaquillándome despacio,
con un ojo a medio hacer,
manchando el espejo de carmín.

Y hubo alas rotas
con las tijeras del silencio,
y me daba igual
lucir muñones de princesa trastornada.

Y LAS TRENZAS DESPEINADAS

Olvidé cómo se trata a la gente
de tanto arrastrarme por los pasillos de la carne.
Con la libertad de una persona sin identidad,
sin patria y sin familia,
sin juegos de poder.

Como animal albino de fábula erótica,
ya no me siento cómoda en las sombras.
Ya es de día. Y por más que apriete los ojos,
la luz trepa por la ventana hasta hacerme despertar.
No hay leche que desayunar,
y en el pis de la mañana falta papel.
Una falda de colores y las trenzas despeinadas,
no hablan de mí. Y los fulanos que me miran, yo no sé qué miran.
A hurtadillas o con descaro, me hago la estrecha o la loca,
haciendo teatro para los demás.
Me apoyo en la barra, a la izquierda de los de traje,
cruzando las piernas y sorbiendo el café.

Ayer volví al tren, y casi no me importa la vía.
A cruzar la frontera en busca de nicotina a quien chupar,
o a casa de Carlos hasta que pase el obscuro.

Y que no sé qué sentir,
porque ese rollo del duelo y del luto,
como que no es para una artista del color.

Y que ya estoy harta, joder,
que no quiero penas ni mierdas,
quiero flotar en el puto infierno sin quemarme,
echar a correr hasta levantarme del suelo
y susurrar melodías de caderas con el pincel.

No Puedo Controlarme

Se hunden mis palabras
en un cubo de silencio.

Y una mañana despertarás,
descalzo por el pasillo del olvido.
Sin versos mal curados,
sin retratos,
sin censura,
de un amor gastado
en la bandeja de entrada.

Lloro en brazos de otro,
que pueda lamerme tu recuerdo
hasta que no sienta nada
acurrucada en sueños de resaca.

Ni una sola vez te has pronunciado,
y no hay persona que aguante
esta soledad mohosa,
este dolor de váter, gritando desde el desagüe,
desde la vajilla sin fregar,
desde sábanas deshechas,
de una cama demasiado vacía de ti.

RECUERDOS DEL OLVIDO, MEMORIA DE RESACA

De la madrugada recuerdo
una fiebre alta,
que ahora empapa mi resaca
con paños húmedos
de un monstruo delicado.
El retrato confuso de una vida
donde me estrangulé los llantos
a golpe de pincel.

Recuerdo tenerte entre mis dedos
en el óleo sobre lienzo
de un aeropuerto sin censuras.

Recuerdo mis despedidas,
como quien vuela infiernos
en un avión fantasma.

Recuerdo un Kafe Antzoki,
como quien trenza ternuras
en un baile tribal,
como quien cruza afectos
en lengua secreta;
mi pintura acrílica en la cara,
haciendo circulitos como estelas
tratando de dibujar la noche
en un esbozo de carbón.

Creo que hui sola
al bosque talado.

Creo que marché sola
por los campos quemados,
que grité entre las sábanas a la luna,
que vomité descalza en un palacio
mi reinado,
que insulté a la universidad
la asignatura perdida.
No sé si fue ayer noche
o fue toda mi vida.

Memoria de resaca es lo que tengo.

Recuerdos del olvido.

Y ganas de vivir al aire libre.
Tan libre como un ave de presa.

VENENO DE MI OMBLIGO

No volveré a escupir sangre,
ni a enfriar con lágrimas el café.
No blasfemaré tu nombre,
mientras arda el sol
y vuelen mariposas.

Aprenderé a beberme
el veneno de mi ombligo,
hasta que escueza entre los dientes,
y la lengua quede muda.

Es entonces cuando los ojos secos
no tendrán dónde mirar,
aunque me empeñe en mojarlos
apuntando a tus ojos
hasta hacerlos estallar.

Y soñaré en rasgar
la tela perfecta
quebrando trazos
que hablen de todo,
y mientras,
pedaleo sin norte,
no importa a dónde.
Te encontraré.

VINILO CARA B

Tanta pasión no cabe
en este cuerpo
de metro sesenta y tres,
cada vez más desnudo,
cada vez más sin ti.

A VECES LOS POEMAS NO TE ENTIENDEN

Me duele la memoria
de tanto recordarte.
Acaricio monstruos,
me jodo por dentro.
La bohemia mata.

Amar pasó de moda.
Nadie sueña en sueños
sin acabar devorado
por un hospital psiquiátrico.
Te reproché hasta sentirte mío,
en un martes de cumpleaños,
y Facebook no es nadie
para alegrarme el día,
sólo la señal de que te significo.

Decir tan sólo
que hay noches de bestias
que susurran miedo,
que afirman que no soy de tu equipo,
que me arrastran hasta el espejo
y no reflejan tu sombra.

Voy a dormir,
calmar la aurora negra,
el vértigo azul.
Te hablo de este dolor,
dolor en el que habitas.

Si pudiera traducir tus gestos,
descifrar tu idioma.
Si me dieras una pista,
de cómo vivir sin ti...

LOS EX

He tenido dos o tres nada más. Menos
que dedos de una mano.

Al último, que vivía en el puerto,
le tiré de la cisterna. Y como a un aborto
le arranqué de la carne, cucharada a cucharada.
Luego mezclé con el verde de sus ojos, gota a gota,
los colores que ahora adornan
el fondo de mis retratos.

Al segundo, me lo devolvió la vida
quince años más viejo, exiliado en lo vulgar,
igual de vacío que el cajón de mis recuerdos,
con el mismo amarillo
de quien retuerce lamentos en el cenicero.

Al primer amor, lo maté yo,
arrancando su piel a tiras,
hasta quedarme en lo que soy.

EL MUY IMBÉCIL

«No quiero ataduras», me dice.
El muy imbécil. Como un pájaro
que no sabe reconocer la libertad
de tanto tiempo que pasó
comiendo alpiste.

Si mi pasión es animal salvaje,
si mis manos arañan tu vacío,
que aún no sabe qué hacer con su vida,
si no puedes estar a la altura,
¿Por qué te haces el hombre
fingiendo que me dejas?

El muy imbécil. Creyose el poema
que le dediqué, el único, cuando en realidad
era amañado de otro amor pueril.

El miedo es una cosa estúpida
que se sirve bien caliente para los cobardes.
Yo prefiero el plato frío del alma en pelotas,
de noches, de tormentos y arrebato,
de batallas perdidas contra un lienzo en blanco.

A todos ellos, dedico mis versos y pinturas,
a las cloacas de los rincones muertos del alma.
Una pincelada, por cada autorretrato apócrifo,
una oda, por cada tristeza de cucarachas.

MUJER BARBUDA EN TU CIRCO

Que ni te acerques,
ni aun siendo mujer barbuda en tu circo,
ni albatros en tierra para burla de marineros,
que ni te atrevas
a olisquear mis rarezas.

No me acostumbres,
para incinerarte después en mi memoria,
no te arriesgues,
a que pierda tu nombre de pila, tus manías,
y hasta tu forma de follarme.

TROZO DE POEMA A MEDIO HACER

Pediré explicaciones al amor en el suelo,
esconderé el antídoto en el cajón,
cubriré de ruidos mis silencios.
Llenaré de fotos mi teléfono
que luego pintaré, como quien cose
a balazos almas perdidas,
disparando «intimidad» al primero que pasa.

SIN TÍTULO

Nadie nunca sabrá,
cuál es mi secreto.
A nadie le contaré,
de qué están hechos mis sueños.
Cuando desaparezca,
de qué servirán mis imposibles.

No pienso rellenar tu vacío,
no pienso vagabundear en el mercado,
no pienso mirar fotos de ayer.

Siento lo que tú sentiste una vez.
Y no me digas que me calme,
y no me digas lo que hay que hacer.

PUÑADO DE VERSOS

La noche, del color de mi pelo,
se traga tu olvido pegado a mis dedos,
pero yo no hago caso. Reniego de ti.

Caballetes sin rostro, bastidores,
me persiguen. Quieren robar tu música,
la alquimia misteriosa de sus letras.
Registran y desgarran todos mis lienzos.
Llevan caballos sin crines que patean mis pinceles.

Yo les regalo el beso que guardé en mis bolsillos,
el puñado de CDs que me diste,
desde los cajones más oscuros de mi armario viejo.

Huyo al arrabal de madrugada,
esquivo a sus secuaces fascistas,
con la luna enmarcada en mi ventana,
aprieto el pincel mojado
contra la paleta, aspiro la trementina,
me oculto tras las sombras de los colores,
desciendo hacia los túneles de mis sueños:
de pinceles de cerdas blandas,
tubos de pigmento, aceiteras y cachivaches.
No me tiembla el pulso,
trazando ángeles negros,
llenos de nubes blancas,
resollando tras mi nuca.

Y tomo la bicicleta
de vuelta a casa, por la cuesta
donde duermen los demás,
excepto los locos, cruzando taxistas y policía,
contra la vía láctea.
Aterida bajo la tela de mis cuadros,
sin escudo, sin ropa, con alas rotas, en cueros.

Me cortaré la lengua,
como hizo Van Gogh con su oreja,
se la daré a los perros,
antes de desvelar siquiera
quién secuestra mis versos y me devuelve la libertad.

CACHITOS

Desde que la libertad me violó
en los sótanos más sucios y oscuros,
con la cara pintada contra un cuerpo desnudo,
con el pincel en la zurda
y las bragas en las rodillas,
mis sueños se han vuelto transparentes
de tanto lavarlos, romperlos y volverlos a coser.

Despiadados, de tanto aclamarlos.
Y de tanto llorarlos,
se deshacen entre los dedos
y hay que perseguirlos por el desagüe,
pringándote de mierda, hasta que vuelvan a flotar,
en la superficie de tus ojos, de tu boca tierna,
de mis tobillos rotos.

Esa pintora que imaginas,
con alas de poeta descarada,
tú la encontraste reptando callejones,
con cachitos de mariposa muerta
pegada a las pestañas.

HARAPOS DEL ALBA

Mi sueño vagabundea en harapos del alba,
donde duermen los insomnes
de esta ciudad sin alma, y las pasiones tiritan
contra el asfalto mojado. Allá espero encontrarte.
Donde los faros se apagan y hay que venir caminando,
con las suelas gastadas y la boca llena de besos.

Dejo que salga mi ira,
en lagrimones ácidos,
al igual que mi alegría
hipa como un hojaldre.

Me ahogaré en aguarrás, que beberán los pinceles
antes de traicionar siquiera el germen de tu pintura,
sabiendo que es tu música la que bailo en tu cintura.

GALLINA

¡Cobarde! Ya me harté.
Me voy con otros. Vete,
fantasma de la hipocresía.
Deja ya de joderme,
no seas tan gallina.

Paro ya de escribir a tu silencio,
o juro por mi cuerpo desnudo
que te ahogo en el retrete
y me hago las maletas al infierno.

AMOR

DE ESPEJOS Y DE FLORES

Me llamaste por teléfono
y yo aparecí con una maleta llena de cuadros.

Fundar tu patria en torno a mi cuerpo desnudo,
sintiendo los músculos,
la sangre en el corazón.
Y yo a hurtadillas te seguía con la mirada,
con los ojos quietos,
entre dibujos de artistas
de manos trabajadas.
Ese día no pensaba en la lista de la compra,
ni en dar de comer al gato, si lo tuviera;
pensamientos que siempre me provoca la quietud.

Ese día la habitación giraba en torno a ti,
como llena de espejos y de flores.
El olor de aguarrás era más fuerte
y los caballetes apilados, tenían un perfecto caos.

Luego empecé a escribirte,
a escuchar tu música
a pensar en ti,
y en lo hermoso que a veces es amarte.

EN EL SILENCIO DE UN DRAGÓN HEMBRA

No sufriré duelo,
de mi propia imaginación,
o del temor a susurrarte
algo que es quimera e ilusión:

Que me acuesto con tu recuerdo
cuando cierro los párpados.

Que mientras dibujan mi anatomía,
miro a un punto al vacío,
en el silencio de un dragón hembra,
que aún muerde los labios,
con sabor a sangre de los tuyos.

Como una gripe,
envuelta en sudor.
Hoy,
te echo tanto de menos.
Ayer,
pudiera haber volado sin alas.

Princesa de tu alma,
que no puede parar de hablar,
que no te ofrece ni agua,
y que no sabe cocinar.

Esa que pinta de noche,
que se cae en bicicleta
y que te sonríe sin que lo sepas.

Dime,
dime que seguirás aquí dentro,
donde yo pueda encontrarte.

SERÍA CAPAZ

Cada vez que te recibo,
el corazón me da un vuelco,
como si lo sacaran a cuchara
y entregaran a tu puerta.

Te veo cuando sueño,
pero no tengo tu olor en mi nuca,
ni tu sabor en mis labios,
tan sólo aquí, en el pecho, y duele cuando llueve,
y sangra cuando no estás...

Y yo no sé si lo sabes,
que sería capaz de no dormir ni comer,
como una vez,
mojada frente al portal, loca de ausencia,
que esperé dos días en las calles,
con la cabeza ida y las manos frías.
Y ni mi fuerza pudo convencerte
hasta que el tiempo lo hizo,
un poco más tarde,
un poco más viejo,
y te abrí las sábanas, ya frías,
para templarte hasta hacerte recordar.

HELLDORADO

Al regreso de *HellDorado*,
a duermevela en furgoneta,
a ritmo de parabrisas,
te escribo detrás de una postal
y en hojas de libreta.

Con los labios resecos
de pensar en ti,
Llevo puesto tu beso
para escribir este poema.
Como si nada hubiera sucedido
en el umbral de la puerta,
cuesta tanto deshacerse de tu beso,
como una astilla de las uñas.

Cerrando los ojos, muy quieta,
vuelvo a vibrar como en danza ancestral,
y despierto animal,
bailando a tus pies,
con las trenzas mojadas golpeando el cristal.
Como en una tribu de códigos secretos,
y yo la india, la negra,
sedienta de ritmos frenéticos,
en trance al cruzarme con tus ojos,
con tus caderas,
sintiendo tus manos posarse en las mías.

Y qué importa si al llegar a casa la cama nos miente,
y el cuadro que antes estaba,
deja una mancha de ti en el vacío de la pared,
en la memoria del pincel,
como si nada hubiera sucedido.

Llevo puesto un agujero
para posar entre pintores.
Con la mirada llena de secretos
entre bastidores apilados.
Y mientras las manos se manchan de carbón
sólo un nombre perfila mi silueta
sobre un escenario de timbales y panderetas,
un escenario de pastel,
donde los focos se filtran entre el público
entrelazando los dedos de tus manos
imaginando que son los dedos de los pies
tensándose entre las sábanas.

DE MIS CADERAS DE PLATA A TU NEVERA

Hubo noches de sudor,
que cerraron puertas y ventanas,
que arrancaron tu beso del rellano,
dejando una marca sucia,
donde antes colgaba tu pintura.

Ardes en mi vientre,
lamiendo hebras de tristeza,
que deslizan entre mis piernas
con el calor y el verano.

Ya no dueles hoy, quizás mañana, que nunca se sabe,
este dolor tan rojo y luminoso, tan vivo, tan alegre,
que no sé cómo decirte cien mil gracias,
o cómo no enviarte los versos de mi mundo,
las pinturas de mis sueños,
mi cuerpo desnudo,
en correos que imagino juglares de trompeta,
de la edad media de mi amor,
y dártelo todo, incluso lo que no está escrito.

Que aunque digan los mapas que estás lejos,
que aunque no te alcance entre el público de fondo,
estaré pintándome en las sombras, aferrada al caballete,
cosida a la tela, grapada al bastidor,
quemando el rojo en tu boca,
volando blancos invisibles,
rompiendo censuras hasta el aeropuerto de tus brazos.

TE PIENSO

Cuántas ganas de habitar en ti,
de beberte el ombligo,
desplegar mis alas del lienzo
y arder en tus brazos de barro.

O cosas más pequeñas:
Un trozo de sonrisa,
tu reflejo en mis pupilas,
las marcas del deseo.

Y mañana,
este poema manchado de amor,
con pinzas de la ropa
secando en tu buzón.

VIGA RIOSTRA DE MIS INFIERNOS
VERSUS LUCERNARIO DE MIS SUEÑOS

Y entonces, cuando el arrebato me aturde,
me llama a sus miedos,
al *Intro*, a saboteos,
me despista de ti, me dice que estás lejos,
se delata y me entrega
al pánico del lienzo en blanco.
Se dispara el pulso, me palpita un ojo,
veo fealdad frente al espejo,
recorro el pasillo amarillo,
me llevo las manos a la cabeza,
aspiro vértigo,
acaricio el teclado del abismo,
al dictado de monstruos en código binario.

Practico el *email* de *Intro,*
como un yonqui a punto de meterse
la última mierda,
como un deporte de riesgo
de suicidio anunciado.

Entonces vuelves, con la entereza
pasmosa del rey del rock,
a golpearme el estómago por adentro,
hasta hacerme una bola de ti,
y estás en mi sangre, y eres
la inspiración y las ganas,
como la única libertad de un preso.

Voy pedaleando versos, que freno
a tomar nota en cada semáforo.
Y eres poesía en mi vida de prosa.
Una bestia que desgarra mis cimientos,
apuntalando la estructura del deseo,
fraguando en ganas locas de follarte,
o de no tocarte nunca, de lo mucho
que te tiemblo.
Viga riostra de mis infiernos,
armado de tracción, agua
que ablanda el cemento de mis pensamientos,
alféizar del aire que respiro,
canalón de mis lloros,
fiebre alta, voz de ángel en bruto
llamándome al colapso eres.

Si por lo menos me mandaras al averno,
si por lo menos te enfadaras conmigo,
podría amarte mejor.
Me escondo entre gente normal,
para imitar sus costumbres humanas
de comer y dormir.
Ni las normas finitas, ni los estatutos
vestidos de luto, pueden
arrancarme de tu arquitectura efímera.

Y los andamios de mis sueños,
como veladuras de acuarela,
mojan mis pinceles perfilando tu silueta,
tu puño en alza, los ojos tiernos.

Se me quebró un tobillo,
y fue el dolor más alegre,
que hacerse carne pueda,
que duró un verano y cicatrizó
en las costuras de mi alma.

Si supiese el secreto de ti,
si me dejaran, te pintaría tal cual eres:
tu misma sonrisa trémula,
que me besa aquí adentro,
tus camisetas, tu forma de tenerme
contigo, de jugar con los muñecos
de tristeza que forman mi pasado,
cambiándolos por trenes de *Playmobil*
que cruzan sus miradas en un cambio de agujas,
haciendo presente la catenaria
de mi vagón perdido.
Si yo pudiera masticarte,
lamer tu sexo contra la pared,
deshacerte entre mis piernas...

Sería libélula, si durmieras agitado,
mariposa salvaje velando tu narcosis,
sería lo que soy. ¡Qué carajo!
Porque tú me lo elevas,
haciéndome secreta bohemia,
tu flaca y tu artista,
tu café al ordenador, tu despertar,
mi poema.

Me basta sin embargo
que existas, un martes naranja de diciembre,
un sábado *furcio* de bragas en las rodillas,
o un domingo de misa en el que echo pestes.
Me bastas,
como el forjado que piso,
como la cubierta contra el cielo,
como el lucernario de mis sueños.

DEBAJO DEL DRAGÓN HEMBRA

Me gusta el tintineo de tus publicaciones
cuando haces clic en las redes,
la alegría inestable que me haces,
seguirte los pasos
y la música prohibida.
Aunque no te halle aquí,
aunque me habite
la árida patria del artista,
a estas horas tardías de la noche,
aquí estás otra vez, en el tórax,
debajo del dragón hembra.

TÚ ERES EL POETA

Aún soy torpe.
No quiero otra cosa que acompañarte
y amarte, a mi manera,
con lo poco que sé, con mis caprichos.

Me tocó inventarme desde cero,
tragarme sin agua mis desgracias
y de todas maneras todavía me río.
Necesito tus ojos risueños pegando volteretas,
como siempre ha sido, desde que te conocí.
No pido nada más.

Cuando el amor se retrae
como una alimaña acosada por perros,
celos estúpidos y exigencias,
cuando me ladra y me muerde, la dejo estar
y trato de pensar cualquier cosa.
Y la tristeza elástica que me separa de ti,
vuelve a romperse en las huellas de la ternura.

Tú eres el poeta. Y yo
temblando en casa ante tus frases.
Gracias por todo,
por permitirme acompañarte,
gracias hasta el reborde interno de mis párpados.
Gracias.

DECONSTRUCCIÓN

La habitación vacía. Mi poesía
que quema en tu buzón como un dragón triste.
Y atrás, en nuestra nuca, lo que nunca dijimos,
lo que nunca hicimos.

La música se acobarda fuera del escenario
y mi pintura se nos viste de luto en la paleta.
Hechiceros y demonios asustados
protestan bajo tierra, a nuestros pies.
La madrugada asesina. Cinco dibujos
forcejean al descaro del crepúsculo.
Coincidimos en los mismos bares en tiempos distintos,
con trece malditos años de diferencia.

El cerrojo de nuestro email abierto.
Una misiva. Mis gritos
—color plata—
rezumando los intersticios de la tela,
destilando rojo óxido.
Una mano zurda temblando trazos
—mi mano—
donde aún puedo pintar la irrealidad.

Nuestros deseos sin hacer
en mis versos de siempre,
anudados en un secreto
dentro de un globo de helio.

Vértigo de escribirlo todo y que el tiempo pase,
la rapidez de un correo en cada noche.
Trabajadores del sistema con guantes de buenos modales,
impiden personarte en mi casa,
o que yo haga guardia en la tuya.

Los lunes de un lado a otro del calendario,
como una pelota bajo los efectos de un niño.
Qué manera tenían las primeras palabras de llegarte
en líquida inocencia, y de ulcerarse después
en declaraciones de amor latente.
A mi mano
la inspiración se le cuajó de golpe en tu boca.

El último
—y el único— beso que me diste,
lo defenderé a muerte en mis bolsillos.
Mi cama, ya deshecha y revuelta para siempre,
podrás habitar y despojar a tu antojo.
Porque mi útero de carne, ya tiene nombre y apellidos.

SEXO

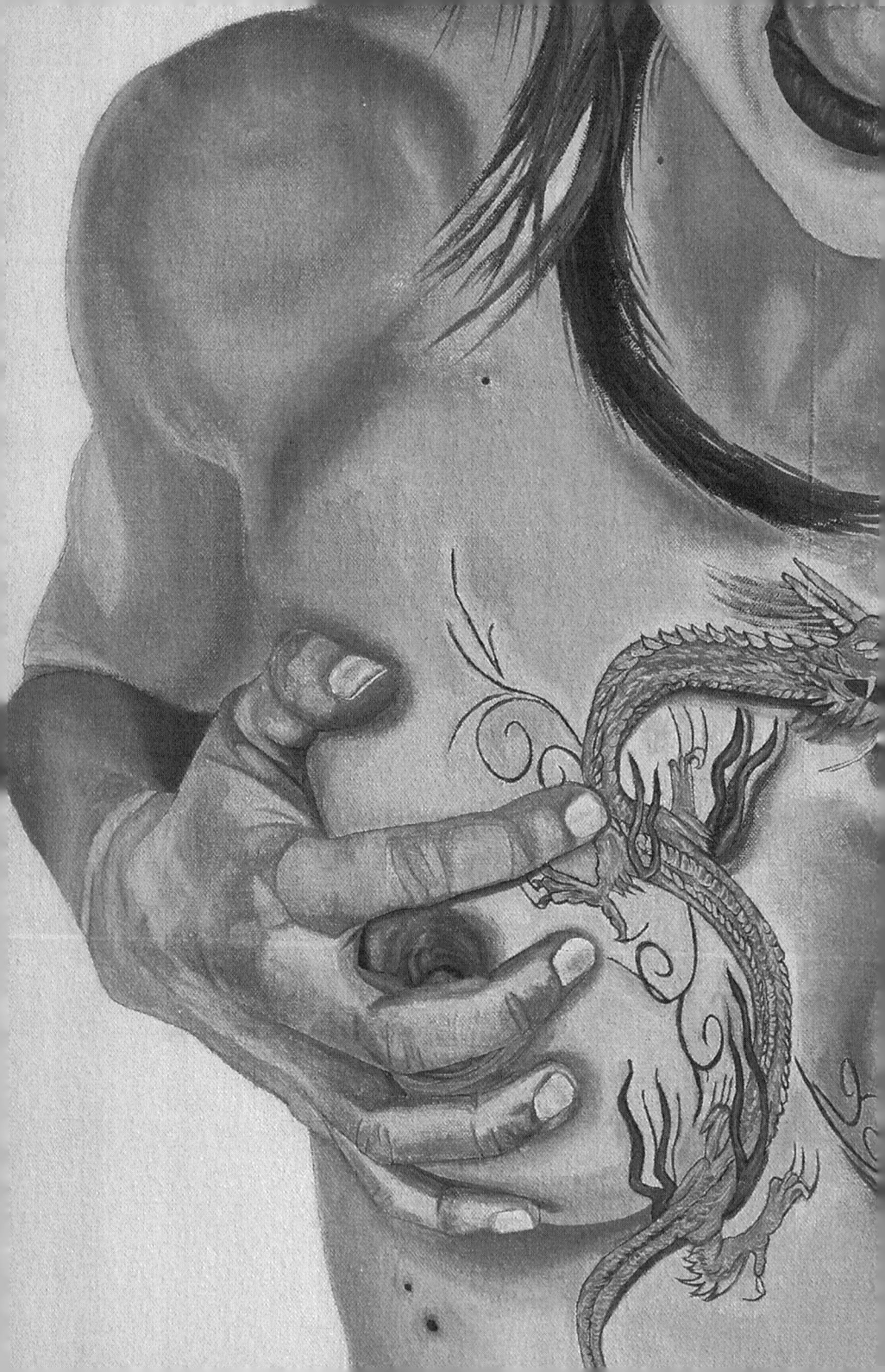

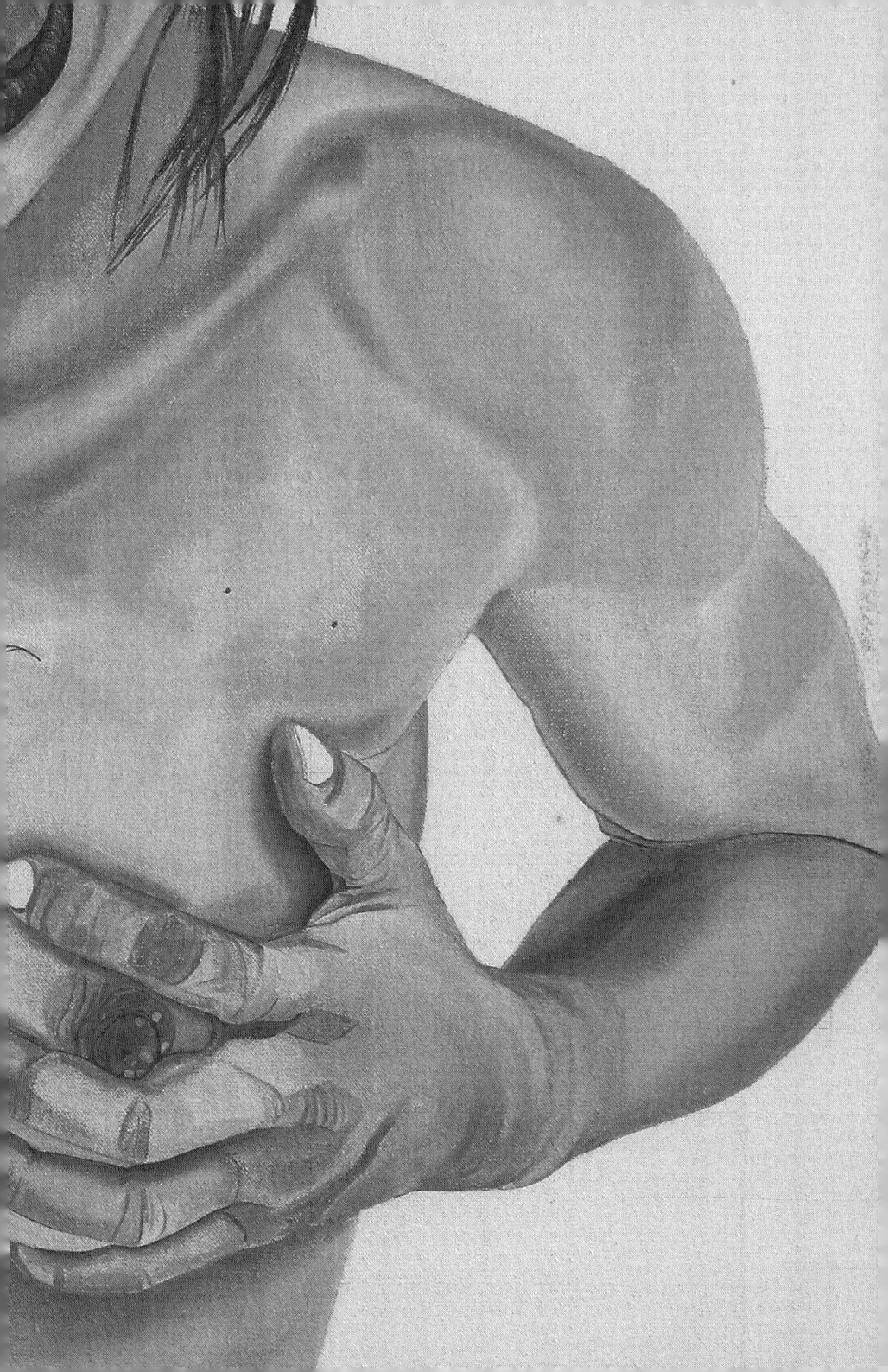

A HORCAJADAS

Contra el muro de piedra y musgo,
reptando entre las piernas
grita mi sexo abrazado al tuyo,
lamiendo la marea, surcando el viento sur,
como si estuviéramos solos, estando solos,
como si estuviéramos locos, estando locos,
como si la noche nos perteneciera,
en los peldaños de nadie,
abandonados al solsticio y a la violencia del placer.

Con las ventanas abiertas a la tormenta,
a horcajadas eléctricas,
curvas mi espalda en línea infinita hasta tus dedos,
hasta perderse y enredarse con mi pelo.

Con sabor a mar, me despego del crepúsculo,
y en la lejanía, un timbre de bicicleta,
resuena en mi almohada,
matándome a besos.

MIENTRAS LAS GANAS APRIETEN

Te veo en la Feria de Arte,
con tu sonrisa porno
que hice caricatura.

Entre tú y yo,
unos cuadros de distancia
y después, en la arena,
ya calientes y embobados,
nos matamos a besos,
entre gaviotas de playa.

Cita a ciegas
de los tiempos modernos,
traspasando el teléfono móvil
hasta tumbarme sobre tu boca,
haciendo el muerto en la almohada.

Desayuno alegre
de azúcar y cosas malas,
sin parar de meternos mano
entre las piernas
de una terraza cualquiera.
Y quiero hacer el amor en la cocina,
y probar tu sexo en mi boca,
y tantas cosas
que hemos hecho tantas veces,
con otros amantes.

Repetir, mientras sea verano,
mientras las ganas aprieten
entre un dragón hembra
y un Picasso invertido,
como un púgil fuera del *ring*
dando palos en el bosque.

MI ANIMAL

Tú
eres mis noches en vela,
mi correo sin *emails*,
mi hambre en la nevera.

Mi criatura,
depredador de mi alma.
Mi bestia,
mis ganas de llamarte,
mis huesos.
Mi cárcel abierta;
donde borré mi pasado con los codos,
y dibujé un futuro contra el tuyo.

Tú,
mi ángel que arde;
mi última palabra,
la primera.
Mi cachito de infierno.
Mi vida.

INCLASIFICADOS

CUANDO LA LIBERTAD SE DISFRAZA DE BUENOS MODALES

[Poema recitado en el programa Got Talent de Telecinco del año 2018. Risto Mejido y Eva Hache me dieron el voto favorable]

La calma, la horrenda calma,
no esa que precede a una tempestad,
sino la otra, la peor:
La calma a la que le sigue más calma,
más anestesia, más letargo.
Nada de riesgo, nada de color,
nada de sexo, política o religión.

El arte, el mal arte.
No ese que encoge el alma
hasta estrellarlo contra la pared.
No ese que tensa la sonrisa
hasta bañarte de placer.
Sino el otro, el peor:
El arte sicario del turista,
sin ganas, sin inspiración y sin deseo,
sin necesidad de espíritu, sin sustancia y sin esencia.
Eso sí; enmarcado, acristalado,
para que te lo lleves a tu casa,
y al apagar las luces,
desaparezca con el interruptor.

Cuando la libertad se disfraza de uniforme,
el traje se arruga en pliegues,
y se ciñe al caminar,
bajo el cinturón.

Cuando los buenos modales son de agrado y cortesía,
las blasfemas escupen la noche,
mortificando las sábanas de sudor,
con la boca sucia del mal aliento.

Con una esponja áspera,
se lavan conciencias.
Y con un poco de maquillaje,
y un poco de suerte,
se borra y se olvida el verdadero reflejo.
Prefiero darme la vuelta empapada en lágrimas,
que enfilarme en línea recta hacia la mediocridad.
Prefiero recorrer un laberinto blanco roto,
que el aplauso pusilánime de la vergüenza.

Dicen, dicen,
que la moderación,
hace más llevadera la vida social.
Y yo digo, digo,
que putrefacta la sociedad.
Y no se dan cuenta
de que la emoción no es medible,
de que la expresión no se puede atar,
porque pierde el sentido puro animal
de amar y crear.

La calma, la horrenda calma,
no es esa que sigue al éxtasis,
después de ver terminada tu obra,
sino la otra, la peor:
La calma que adormece las ilusiones
y las templa de tedio.

Como un púgil fuera del *ring*.
Como si despertaras desnuda en medio de la calle.

Como si el arte fuera el mundo real,
y el mundo real fuera un puto lienzo en blanco.

ODA A MI BICI ROBADA

A ti, estas líneas van dirigidas a ti.
Tú, que eres un ladrón,
chusma de entre la gentuza.
Tú, que eres un pérfido excremento humano.
Tú, chorizo mangante.

Pedalea tu cobarde fuga,
agoniza en los bajos de tu mediocridad,
acaso no sepas que mi sillín te castrará,
por más que huyas
de tu triste existencia.

Acaso no sepas que tengo otra bici,
impecable, que me espera
en Galdakao, inquebrantable,
que te perseguirá, siempre,
hasta tus peores pesadillas del averno.

CON EL CULO AL AIRE
(ODA A UNA COLONOSCOPIA)

Con el culo al aire,
ya no hay pinceles ni identidad de pintor,
apenas huella de lo que soy,
busco trazas de pigmentos en las uñas,
o alguna marca de artesana negligente,
restos de accidentes domésticos, cicatrices, tatuajes...
sin diferencias entre tú y yo,
que nos separen
y que nos acerquen al miedo.

Con el culo al aire,
y sin bolsillos donde hurgar,
hay un agujero de ombligo despojado,
y una mancha de reloj en la muñeca...
sin diferencias entre tú y yo,
como si fuéramos a un concierto,
con la pulsera de *Osakidetza*,
en la entrada de quirófano.

Con el culo al aire,
tus arrugas se parecen a las mías,
cuando me miras sin que sea tu turno,
apartando la vista del blanco cortina,
al blanco de tus ojos,
al azul pasillo,
entre sueños sedantes,
que pesan como un océano,
buceando en mi memoria
que despierta en tu recuerdo.

A la salida, no hay maleta ni despedidas,
sólo tú, con las llaves del buzón,
del candado de bicicleta,
del portal de tu vida
que se abre a la pintura.

ODA A LA MENSTRUACIÓN

Este manojo de sangre rabiosa,
que desnuda mi adolescencia violenta y ebria,
intimidad líquida y oculta de mis entrañas,
es mucho más que una mancha de dolor,
o letras de versos que una compone tras un buen polvo.

Este lugar en el que ahora habita tu silueta,
es también olor a orines
de un amor intenso, tierno y crudo, que ahora ostenta
el título proscrito de lo tabú.

ODA A LA MENOPAUSIA

Hipotenusa de mí,
idiopática inocencia
que la reserva ovárica
apuntala.

Yo, que presumía de oxidar
el río Ganges.

Yo, que alardeaba regueros
de sangre a mi paso.

Yo, ufana de Falopio,
pavoneo ahora
de climaterio tierno
de quien siempre
ha sido prematura,
hasta para nacer.

Estrógeno de mí,
polímera inocencia
de fachada ventilada
que ahorra sangre derrochada.
Sin glándula importa.

Y DECIDÍ JUGÁRMELA

El día en que los miedos desertaron
decidí llorar, quitarme del trabajo normal,
pintar en los bordes de mi antiguo diario
la lista de dolencias que nunca me enseñaron,
sangrando pintura como una cría
hasta borrar los trazos de mi propia imagen.
Me dediqué a escuchar mis latidos,
uniendo pedazos sin sentido,
como quien recoge una vendimia de vísceras
y se va a casa arrastrando regueros de sangre.

El día en que me abandonaron
decidí no tener patria, no tener madre,
escribir poemas de humo en la espalda de otros,
gimoteando cuando había que reír,
y gritando cuando era mejor estar callada.

Y decidí jugármela sin conocer las reglas,
sin conocer a los adversarios, sin cubilete, sin fichas, sin
dados.
Nadie me advirtió del calvario,
no de un cristo que no existe,
no de una mentira de la tele,
sino del calvario de la verdad,
de ser tú misma, de estar en cueros,
mientras los demás visten de traje y corbata.

VETE, AMANECER, VETE

Me daré la vuelta dos veces,
dos veces se hará de noche en este día.
Vete, amanecer, vete.
Hoy no eres bienvenido,
tan oscuro y tan frío.
No quiero romper el día mojada,
encogida de pena,
con el resto de almas,
encarcelada en un autobús.
Vete, amanecer, vete.
no te daré los buenos días.

El frío no se aviene a razones,
amarga el café,
y lo agria en los alientos,
dibujando bocanadas blancas
en las siluetas fantasma.
Quisiera que todas esas ojeras
quebrantaran los ojos,
alargándose en sonrisas malnacidas.

Y en un complot diurno,
volvieran a dormir sus miradas,
cerrando agendas, apagando ordenadores,
aflojando el paso.

Y levantando el dedo corazón:
Vete, amanecer, vete.

NO ME TACHES DE NORMAL

Rajada de dolor,
sangro soledad,

goteando en la almohada,
fuera de mi hábitat.

Nunca dije que lo fuera,
no me taches de normal,
deja que beba mis lágrimas,
déjame lamer la pena.

Corre en sentido contrario
al aire que respiro,
y nunca vuelvas a manchar
de cobardía mis deseos.

Prefiero meter el dedo,
y quitar impurezas flotantes
al pozo de los sueños
y a los posos del café.

CON MIS BOLSILLOS DE ARTISTA

Como si una máscara de cera cuarteara mis anhelos,
arrastro los mismos sueños gastados,
y tengo que volver a aprenderlo todo de nuevo.

Con mis bolsillos de artista
llenos de pelotas de goma de borrar,
que se mojaron en la lavadora,
dando vueltas en la inercia del descuido.

Mis dedos se deslizan por el papel,
y sólo el recuerdo pesa más que yo.
Ya no me preocupo de encajar,
de hacer pruebas en la paleta o de limpiar los pinceles.

Hay una botella de olor fuerte,
junto a un reloj de arena que nunca he dado la vuelta.

Como si raspas de pez rasgaran mi entereza,
me esfuerzo en respirar.

Como si los ojos vacíos flotaran en mis cuencas,
me empeño en llorar.

Como si mi lengua supiera a dulce quemado,
mi sonrisa tiene caries que deforman la realidad.

Como un tiovivo descontrolado sobre su eje,
rompo el silencio de la plaza anónima,
rompiendo la barrera del sonido,
roto el columpio que me separa del suelo.

OTRA VIDA QUE YA NO ES LA MÍA

Es raro, murmuro,
hoy, los días de antes
parecen un sueño,
otra vida que ya no es la mía,
la estela borrosa
de otro planeta
que detonaba energía.

Miro la herida,
sin rastro de esperanza,
cosida de arriba abajo,
y no me acostumbro
a la cicatriz del silencio.

Me tomo las noches
como un juego peligroso
de iniciación a lo desconocido.
Sin deshacer la cama,
me agarro a las paredes
y trato de dormir la crueldad del alba.

CON GANAS DE VIVIR AL AIRE LIBRE

[Versos fraguados después del performance *Derrumbre*
en protesta contra el derribo de Arteleku]

Estoy sintiendo el límite del cuerpo.
El color de la torsión
de sueños e imposibles,
que sólo sacian las manos.

Siento simplemente
la inercia invisible del lienzo en blanco,
cierta obstinación a no estar sola.

Siento ese hambre satisfecho,
esa condena que es la búsqueda creativa
de lo que no puedo plasmar con letras y pinturas.

Estoy sintiendo el impulso que desnuda el pellejo,
despoja máscaras, vibra,
hasta dejarme el alma en pelotas
de rutina de la alteración de los días y las noches,
para recrearme en la locura.

Te siento como soy, hasta lo que alcanzo,
y he aprendido a desaprender,
que no es una manía,
ni un juego de niñas,
que es el erotismo de la libertad,
con ganas de vivir al aire libre.

SÁBADO

Y ya va siendo hora de vestirme de sábado,
probar a ser quien soy,
pintarles a todos, sin miedo a perder nada.

Y ya va siendo hora de hacer las maletas,
de protestar, de mancharse las manos,
y hundir la cara en las tetas
de la lontananza.

ANIMAL HERIDO

[Homenaje a *El escenario* de Karmelo Iribarren]

A veces la ciudad es un animal herido
que no te mira a los ojos, que se mofa
de tanta torpeza y pide a gritos
amotinarse cobarde en la cama,
abrocharse la camisa de la vergüenza
o abrir el paraguas del pasado,
como quien sacude la caspa de los hombros.

Otras, es olor a orines
de calles con turistas, saludar
al mismo mendigo o esquivar
los descuentos del escaparate.

Casi siempre la ciudad es tantas cosas;
sin embargo, esta tarde, se parece bastante
a bajar del autobús e imaginar a los demás.
Sin maquillaje ni móviles. Con ganas de ser alguien.

DESCRIPCIONES DE IMÁGENES

Página: 26

"Cementerio Père-Lachaise IV" Acuarela (24 cm x 30 cm) SorayArte

Página: 33

Fotografía de SorayArte en performance poético realizado en el Stop War Festibala durante los eventos de la Capitalidad Cultural Europea Donostia – San Sebastián 2016, de la mano del colectivo Kultura Alternatiboa.

Página: 37

Fotografía de SorayArte en performance poético en la Asociación Artística de Gipuzkoa, año 2014.

Página: 42

"Bajo el agua" Óleo y polvo de mármol sobre lienzo (73 cm x 60 cm) SorayArte

Páginas: 48 - 49

"Tiburón II" Acuarela (30 cm x 24 cm) SorayArte

Página: 57

"Retrato de mis padres. Homenaje a mi ama" Óleo sobre lienzo (60 cm x 60 cm) SorayArte

Página: 58

"No es no" Óleo sobre lienzo (50 cm x 61 cm) SorayArte

Página: 68

"Askatasuna" Óleo sobre lienzo (60 cm x 73 cm) SorayArte

Página: 85
"Pez payaso" Acuarela (24 cm x 30 cm) SorayArte

Página: 90
"Frustración" Óleo, polvo de mármol e incrustaciones de conchas sobre lienzo (50 cm x 70 cm) SorayArte

Página: 94
Fotografía de SorayArte en performance poético realizado en el Stop War Festibala durante los eventos de la Capitalidad Cultural Europea Donostia – San Sebastián 2016, de la mano del colectivo Kultura Alternatiboa.

Páginas: 114-115
"Agárrense" Óleo sobre lienzo (125 cm x 60 cm) SorayArte

Páginas: 122 - 123
"Aye-aye" Acuarela (30 cm x 24 cm) SorayArte

Página: 124
Fotografía de SorayArte en performance poético realizado en el Stop War Festibala durante los eventos de la Capitalidad Cultural Europea Donostia – San Sebastián 2016, de la mano del colectivo Kultura Alternatiboa.